Matthias Fiedler

ایده تطبیق خلاقانه املاک و مستغلات: کار ساده آژانس املاک

تطبیق املاک و مستغلات: کارگزاری مؤثر، ساده و حرفه ای املاک و مستغلات از طریق پورتال تطبیق خلاقانه املاک و مستغلات

اطلاعات ناشر

ویرایش اول به صورت کتاب چاپی | فوریه 2017
(در ابتدا به زبان آلمانی در دسامبر 2016 منتشر شده است)

© 2016 Matthias Fiedler

Matthias Fiedler
Erika-von-Brockdorff-Street 19
41352 موقعیت مکانی: کرشنبرویش
آلمان
www.matthiasfiedler.net

تولید و چاپ:
اطلاعات ناشر در صفحه آخر را ببینید

طراحی روی جلد: Matthias Fiedler
ایجاد کتاب الکترونیکی: Matthias Fiedler

ISBN-13 (کتابجلدکاغذی): 978-3-947184-52-1
ISBN-13 (کتابالکترونیکی mobi): 978-3-947082-73-5
ISBN-13 (کتابالکترونیکی epub): 978-3-947082-74-2

اطلاعات کتابشناختی کتابخانه ملی آلمان:
کتابخانه ملی آلمان این اثر را در کتابشناختی ملی آلمان منتشر می کند؛ اطلاعات مفصل کتابشناختی در اینترنت و از طریق وب سایت http://dnb.d-nb.de قابل دسترسی است.

فهرست مطالب

در این کتاب یک ایده انقلابی برای پورتال جهانی تطبیق املاک و مستغلات (برنامه - اپلیکیشن) به همراه محاسبه گردش مالی عمده احتمالی (میلیارد یورو) شرح داده شده است، که این پروتال با یک نرم افزار کارگزاری املاک و مستغلات به انضمام ارزیابی املاک و مستغلات (با با گردش مالی احتمالی تریلیون ها یورو) ادغام می شود.

این امر بدین معنی است که می توان به طور مؤثر و به نحوی که باعث صرفه جویی در زمان می شود به املاک و مستغلات مسکونی و تجاری، چه در حال استفاده چه اجاره داده شده، دسترسی داشت. این آینده یک آژانس املاک و مستغلات حرفه ای و خلاقانه برای تمامی کارگزاران املاک و مالکان آن ها است. تطبیق املاک و مستغلات تقریباً در تمامی کشور ها و حتی میان کشور های مختلف نیز قابل استفاده است.

به جای "انتقال" املاک به خریدار یا مستاجر، منافع املاک و مستغلات در پورتال تطبیق املاک و مستغلات (پروفایلجستحو) سنجیده و به املاک کارگزار های املاک و مستغلات پیوند داده می شوند.

فهرست مطالب:

پیش گفتار

در سال 2011، مفهوم تطبیق خلاقانه املاک و مستغلات را ابداع کردم و توسعه دادم.

از سال 1998، در بخش املاک و مستغلات فعالیت می کنم (از جمله مشاورین املاک، خرید و فروش، ارزش گذاری، اجاره و توسعه زمین). من یک متخصص املاک و مستغلات (IHK)، اقتصاددان املاک و مستغلات (ADI)، ارزیاب املاک و مستغلات (DEKRA) و نیز عضوی از انجمن املاک و مستغلات موسسه سلطنتی نقشه برداران خبره (MRICS) هستم که در مجامع بین المللی شناخته شده است.

Matthias Fiedler

Korschenbroich, 31.10.2016

www.matthiasfiedler.net

1.ایده تطبیق خلاقانه املاک و مستغلات:

ساده شدن آژانس های املاک و مستغلات

تطبیق املاک و مستغلات: کارگزاری مؤثر، ساده و حرفه ای املاک و مستغلات از طریق پورتال تطبیق خلاقانه املاک و مستغلات

به جای عمل به عنوان "مشاور املاک" برای خریدار یا مستاجر، منافع املاک و مستغلات (پروفایل جستجو) به املاک کارگزاری های مشاورین املاکی پیوند و تطبیق داده می شود که قرار است در پورتال تطبیق املاک و مستغلات (اپلیکیشن - برنامه) وساطت کنند.

2. اهداف مالکان املاک و مستغلات و ارائه دهندگان خدمات مشاور املاک

از دید فروشنده املاک و یک مالک، مهم است که املاک تان را به سرعت و با بالاترین قیمت ممکن بفروشید یا اجاره دهید.

از دید خریدار یا مستاجر آینده، یافتن ملکی مطابق با خواسته های فرد و نیز خرید و اجاره سریع و بی دردسر مهم است.

3. تحقق جستجو برای املاک و مستغلات

به طور کلی، سرمایه گذاران آینده در جستجوی املاک در مناطق مورد نظر خود از طریق پورتال های بزرگ املاک و مستغلات موجود در اینترنت هستند. در آنجا می توانید به فهرست مشاورین املاک یا لینک هایی به آن مشاورین که از طریق ایمیل ارسال می شود، در صورتی که پروفایل جستجوی مختصر را ایجاد کرده باشند، دسترسی پیدا کنید. این امر اغلب در 3-2 پورتال املاک و مستغلات انجام می شود. سپس معمولاً می توان از طریق ایمیل با ارائه دهندگان و مشاورین تماس گرفت. این مسئله برای ارائه دهندگان قابلیت و اجازه برقراری ارتباط با طرفین علاقه مند را فراهم می کند.

به علاوه، آژانس ای مشاور املاک با طرفین علاقه مند در منطقه دلخواه تماس می گیرند و پروفایل جستجو ذخیره می شود.

مشاورین موجود در پورتال های املاک و مستغلات از ارائه دهندگان خصوصی و تجاری هستند. ارائه دهندگان تجاری عمدتاً از کارگزاران املاک و شرکت های ساخت و ساز جزئی،

معامله گران املاک و سایر شرکت های املاک و مستغلات هستند (در این متن، به ارائه دهندگان تجاری کارگزران املاک و مستغلات گفته می شود).

4. نقطه ضعف ارائه دهنده خصوصی/مزیت کارگزار املاک و مستغلات

در مورد املاک و مستغلات، فروش های خصوصی معمولاً به صورت فوری تضمین نمی شوند، چرا که برای مثال در صورت وجود ملک به ارث برده شده یا عدم وجود وراثت قراردادی بین وارثان وجود ندارد. به علاوه، مشکلات حقوقی غیر قابل توضیحی چون حق اقامت و سایر مسائل فروش آن را دشوار تر می کند.

در مورد املاک اجاری، برای مثال اگر قرار است یک ملک تجاری (آپارتمان) به قصد زندگی مسکونی آپارتمان اجاره داده شود، مالکان خصوصی ممکن است مجوز رسمی دریافت نکرده باشند.

زمانی که کارگزار املاک به عنوان ارائه دهنده عمل می کند، معمولاً او در مورد جنبه های فوق توضیح داده است. هم چنین، تمامی اسناد و مدارک مربوطه ملک (نقشه طبقات، نقشه مکان، گواهی تأیید انرژی، ثبت زمین، اسناد رسمی و

غیره) اغلب موجود اند. بنابراین فروش یا اجاره سریعاً و بدون هیچ مشکلی امکان پذیر است.

5. تطبیق املاک و مستغلات

برای انجام تطبیق بین خریدار و فروشنده یا مالک به طور سریع و مؤثر، معمولاً ارائه رویکردی سیستماتیک و حرفه ای مهم است.

این امر از طریق ارائه رویکرد یا روندی متفاوت برای جستجو و یافتن میان کارگزاران املاک و خریداران احتمالی انجام می شود. به عبارت دیگر، به جای عمل به عنوان "مشاور املاک" برای خریدار یا مستاجر، منافع مشاور املاک (اپلیکیشن - کاربرد) احراز صلاحیت (پروفایل جستجو) می شوند و با املاک کارگزاران مشاورین املاک تطبیق و پیوند داده می شوند.

در مرحله اول، خریداران احتمالی در جستجوی پروفایل جستجوی مناسبی در پورتال تطبیق املاک و مستغلات هستند. این پروفایل جستجو دارای حدود 20 مشخصه است. ویژگی های زیر، در کنار موارد دیگر، (فهرست کاملی نیست) برای وجود پروفایل جستجوی ضروری است.

- منطقه / کد پستی / شهر

- نوع ملک

- اندازه ملک

- فضای نشیمن

- قیمت خرید/اجاره

- سال ساخت

- طبقه

- تعداد اتاق ها

- اجاره ای (بله/خیر)

- زیر زمین (بله/خیر)

- بالکن/تراس (بله/خیر)

- نوع سیستم گرمایی

- فضای پارکینگ (بله/خیر)

در این مورد آزادانه انتخاب نکردن مشخصه ها و امکان انتخاب این موارد از طریق فهرستی با موارد ممکن/گزینه های از قبل تعیین شده از طریق کلیک کردن بر روی یا باز کردن کارد ویژگی مربوطه (برای مثال، نوع ملک) مهم است

(برای مثال، برای نوع ملک: آپارتمان، منزل خانوادگی، انبار، اداره و ....).

طرفین علاقه مند می توانند به صورت اختیاری پروفایل های جستجوی بیش تری را ایجاد کنند. تغییر پروفایل جستجو نیز مقدور است.

به علاوه، اطلاعات کامل تماس توسط گروه های علاقه مند در کادر های مربوطه وارد می شود. این اطلاعات شامل نام، نام خانوادگی، خیابان، پلاک خانه، کد پستی، شهر، تلفن و ایمیل است.

در این زمینه، گروه های علاقه مند موافقت خود برای برقراری تماس و ارسال املاک مناسب (در معرض نمایش قرار داده شده) را توسط کارگزاران مشاور املاک اعلام می کنند.

هم چنین مشتریان احتمالی با اداره کننده پورتال تطبیق املاک و مستغلات قراردادی می بندند.

در مرحله بعدی، پروفایل های جستجو از طریق رابط برنامه نویسی کاربردی (API) - که با رابط برنامه نویسی "باز" در آلمان قابل مقایسه است - برای کارگزاران متصل شده املاک و مستغلات که هنوز قابل مشاهده نیستند قابل دسترسی اند. لازم به ذکر است که این رابط برنامه نویسی - که در پیاده سازی کلیدی است - باید تقریباً از تمامی نرم افزار های مورد استفاده در کارگزاران املاک پشتیبانی کند یا حداقل قابلیت انتقال را تضمین کند. در غیر این صورت، انجام این امر باید از لحاظ فنی امکان پذیر باشد. از آنجا که رابط های برنامه نویسی از قبل هم وجود داشته اند، از جمله رابط برنامه نویسی ذکر شده در بالا، "openimmo" و سایر رابط های برنامه نویسی مورد استفاده، انتقال پروفایل های جستجو باید امکان پذیر باشد.

اکنون کارگزاران املاک مورد های املاک خود را با پروفایل های جستجو مقایسه می کنند. بدین منظور، املاک با پورتال تطبیق املاک و مستغلات ادغام و مشخصه های مربوطه تطبیق و پیوند داده می شوند.

زمانی که تطبیق انجام شده باشد، تطابقی با درصد مربوطه ارائه می شود. ار تطابق، برای مثال، 50% پروفایل های جستجو در نرم افزار کارگزار املاک نمایش داده می شوند. مشخصه ها به صورت جداگانه نسبت به یکدیگر اندازه گیری می شوند (سیستم امتیازی)، تا پس از تطابق مشخصه ها، درصدی برای تطابق (احتمال تطبیق) حاصل شود. برای مثال، مشخصه "نوع ملک" نسبت به مشخصه "فضای نشیمن" با ارزش بالاتری اندازه گیری می شوند. به علاوه، ویژگی های خاصی (مثلاً زیر زمین) را می توان برای یک ملک به صورت ضروری انتخاب کرد.

در طی مدت تطبیق مشخصه های تطابق، باید دقت کرد تا به کارگزاران املاک فقط به مناطق مورد نظرشان (رزرو شده) دسترسی داده شود. این امر تلاش مورد نیاز برای تطبیق داده ها را کاهش می دهد. به خصوص که کارگزاران املاک مربوطه اغلب منطقه ای هستند. لازم به ذکر است که فضای به اصطلاح "ابری" امروزه ذخیره سازی و پردازش مقدار زیادی از داده ها را ممکن میسازد.

برای حصول اطمینان از وجود کارگزاری حرفه ای املاک، فقط کارگزاران املاک می توانند به پروفایل های جستجو دسترسی داشته باشند.

بدین منظور، کارگزاران املاک با اداره کننده پورتال تطبیق املاک و مستغلات قراردادی می بندند.

پس از انجام تطبیق مربوطه، کارگزار املاک می تواند با خریداران احتمالی تماس بگیرد، و بر عکس، سرمایه گذاران احتمالی می توانند با کارگزاران املاک تماس بگیرند. این یعنی اینکه اگر کارگزاران املاک برای خریداران احتمالی علاقه مندی خود را ارسال کرده باشند هم در صورت فروش یا اجاره، یک مدرک اثبات کننده فعالیت یا ادعای کارگزاران املاک در کمیسیون کارگزاری آن ها ثبت می شود.

این مسئله با این پیش فرض انجام می شود که کارگزار املاک از مالک (فروشنده یا صاحب زمین) کمیسیونی برای ترتیب اثر دادن به ملک دریافت می کند یا اجازه ارائه این ملک را در اختیار دارد.

6. زمینه های کاربردی

تطبیق املاک و مستغلات توصیف شده در اینجا برای خرید و اجاره دادن املاک در بخش املاک تجاری و مسکونی کاربرد دارد. برای املاک تجاری ویژگی های اضافی املاک و مستغلات مورد نیاز است.

از طرف مشتریان احتمالی، همانطور که در این زمینه عرف است، کارگزار املاک می تواند، برای مثال، از جانب مشتریان عمل کند.

ار لحاظ فضایی، پورتال تطبیق املاک و مستغلات را می تواند به تقریباً هر کشوری انتقال داد.

7. مزیت ها

تطبیق املاک مزیت های خیلی خوبی برای خریداران احتمالی ارائه می دهد، مثلاً اگر آن ها به دنبال ملکی در منطقه خود (محل اقامت) یا به دنبال تغییر شغل در شهر/منطقه دیگری باشند.

فقط کافی است یک بار پروفایل جستجوی خود را ارسال و سپس می توانید املاک مناسب را از آژانس های مشاور املاکی که در منطقه مورد نظرتان فعالیت می کنند دریافت کنید.

برای کارگزاران املاک، این مسئله مزایای بسیاری از لحاظ بهره وری و صرفه جویی در وقت برای فروش یا اجاره به همراه دارد.

فوراً یک بررسی کلی از پتانسیل چشم انداز پیش رو برای املاک مربوطه پیشنهاد داده شده توسط آن ها دریافت می کنید.

به علاوه، کارگزاران املاک می توانند به طور مستقیم گروه هدف مورد نظرشان را مخاطب قرار دهند، که از طریق

ایجاد پروفایل جستجو (از جمله ارسال املاک و مستغلات) تفکرات روشنی در مورد املاک مورد نظر خود بیان کرده است.

این مسئله کیفیت برقراری ارتباط با آن هایی که می دانند دنبال چه هستند را افزایش می دهد. این امر تعداد قرار ملاقات های بازدید بعدی را کاهش می دهد. این امر کل مدت زمان بازاریابی برای املاکی که قرار است کارگزاری برای آن انجام شود را کاهش می دهد.

پس از بازدید از ملکی که قرار است وساطت آن توسط طرفین علاقه مند انجام شود - مطابق معمول - تکمیل قرارداد خرید یا رهن صورت می گیرد.

8. محاسبه نمونه (بالقوه) - فقط خانه ها و آپارتمان های خویش فرما (بدون در نظر گرفتن آپارتمان ها و خانه های اجاری و نیز املاک تجاری) مثال زیر پتانسیل پورتال تطبیق املاک و مستغلات را نشان می دهد.

در یک حوضه آبریز با جمعیت 250/000 نفر، مثل شهر مونشن گلادباخ، از لحاظ آماری تقریباً 125/000 خانوار زندگی می کنند (2 نفر به ازای هر خانوار). نرخ متوسط جابجایی در حدود 10% است. بنابراین 125/000 خانوار در هر سال نقل مکان می کنند. حفظ تعادل برای نقل مکان به داخل و خارج از مونشن گلادباخ در نظر گرفته نشده است. - حدوداً 10/000 خانوار (80%) به دنبال ملک اجاری و 2500 خانوار (20%) به دنبال ملکی هستند که برای فروش باشد.

بر اساس گزارش بازار زمین کمیتهتخصصی شهر مونشن گلادباخ، در سال 2012 تعداد 2613 ملک خریداری شده است. - این امر رقم ذکر شده در بالا به تعداد 2500 خریدار

را تأیید می کند. تعداد بیش تر از این مقدار می باشد چرا که همه موفق به یافتن ملک مورد نظر خود نمی شوند. تخمین زده می شود که تعداد واقعی مشتریان احتمالی یا تعداد پروفایل های جستجو دو برابر بیش از نرخ متوسط جابجایی حدود 10% خواهد بود، که یعنی 25000 پروفایل جستجو. این یعنی، در کنار مسائل دیگر، مشتریان احتمالی در پورتال تطبیق املاک و مستغلات چندین پروفایل جستجو می سازند.

لازم به ذکر است که، بنابر تجربه، در حدود نمی از خریداران (خریداران و مستاجران) ملک خود را از طریق یک کارگزار پیدا کرده اند، که برابر است با 6250 خانوار.
حداقل70% از تمامی خانوار ها در اینترنت به دنبال املاک و مستغلات گشته اند، که یعنی در مجموع 8750 خانوار (مطابق با 17500 پروفایل جستجو).

در صورت وجود 30% گروه علاقه مند، یعنی 3750 خانوار (برابر با 7500 پروفایلجستجو) در شهری مثل مونشن

گلادباخ، پروفایل جستجوی آنان برای پورتال تطبیق املاک و مستغلات (اپلیکیشن کاربردی) 1500 مورد پروفایل جستجوی واقعی را ایجاد خواهد کرد (20%). از میان 6000 پروفایل جستجوی واقعی ((80%، مستاجران احتمالی املاک مناسب برای خویش را ارائه می دهند.

این بدین معنی است که با میانگین مدت جستجوی 10 ماهه و قیمت نمونه 50 یورو به ازای هر ماه برای هر پروفایل جستجوی ایجاد شده توسط مشتریان احتمالی، فروش بالقوه برای 7500پروفایل جستجو برابر است با 3750000یورو در سال در شهری با جمعیت 250000 نفر.

با انجام محاسبه ای برای جمهوری فدرال آلمان با جمعیت گرد شده 80000000 (80 میلیون) نفر، این نتایج فروش بالقوه 1,200,000,000 (1.2 € میلیارد یورو) در سال را نشان می دهد. -اگر، به جای 30% از تمامی گروه های علاقه مند، 40% از تمامی مشتریان احتمالی از طریقپورتال تطبیق املاک و مستغلات به دنبال ملک باشند، پتانسیل فروش

به مبلغ 1.6) € 1.600.000.000 میلیارد یورو) افزایش پیدا می کند.

این پتانسیل گردش مالی فقط آپارتمان ها و خانه های خویش فرما را در بر می گیرد. املاک اجاره ای یا واگذاری شده در بخش املاک و مستغلات مسکونی و کل بخش املاک تجاری در این محاسبه پتانسیل لحاظ نشده است. در مورد تعداد تقریبی 50000 شرکت در آلمان در حوزه کارگزاری املاک و مستغلات (به انضمام شرکت های ساخت و ساز، معامله گران املاک و سایر شرکت های املاک و مستغلات) به همراه تقریباً 200000 کارگر و سهم نمونه 20% از این شرکت ها در استفاده از این پورتال تطبیق املاک و مستغلات با میانگین 2 مجوز، پتانسیل گردش مالی 72) € 72,000,000 میلیون یورو) در هر سال با قیمت نمونه 300 یورو به ازای هر ماه برای هر مجوز وجود خواهد داشت. به علاوه، جستجوی منطقه ای نیز باید برای پروفایل های جستجو ایجاد شود تا پتانسیل درآمد های اضافی قابل توجهی را نیز بتوان در اینجا بسته به طراحی تولید کرد.

از طریق این پتانسیل فوق العاده برای گروه های علاقه مندی که پروفایل های جستجوی مشخصی دارند، کارگزاران املاک لازم نیست که پایگاه داده مورد علاقه خود را - در صورت وجود - به روز رسانی کنند. به خصوص از آنجا که به احتمال زیاد تعداد پروفایل های جستجوی کنونی از تعداد پروفایل های جستجوی ایجاد شده توسط تعداد زیادی از کارگزراران املاک در پایگاه داده شان فراتر می رود.

اگر قرار باشد این پورتال خلاقانه تطبیق املاک و مستغلات، برای مثال، در چندین کشور استفاده شود، خریداران احتمالی از آلمان می توانند یک پروفایل جستجو برای آپارتمان های مختص تعطیلات در جزیره مدیترانه ای مایورکا (اسپانیا) ایجاد کنند و آژانس های املاک متصل به مایورکا می توانند آپارتمان مناسبی را به مشتریان احتمالی آلمانی خود معرفی کنند. اگر موارد نمایشی ترجمه شده به زبان اسپانیایی نوشته شده باشد، امروزه آن هایی که به اینترنت علاقه مند هستند می توانند این متن را با کمک برنامه های ترجمه به زبان آلمانی ترجمه کنند.

برای تطبیق پروفایل های جستجو و املاکی که قرار است کارگزاری شوند، مشخصه های تطبیق را می توان بر اساس مشخصه های برنامه ریزی شده (ریاضیاتی) - فارغ از زبان - و در محدوده پورتال تطبیق املاک و مستغلات تطبیق داد.

در زمان استفاده از پورتال تطبیق املاک و مستغلات در تمامی قاره ها، پتانسیل ذکر شده در بالا برای فروش (فقط جستجو ها) را می تواند توسط یک محاسبه ساده به شرح زیر نشان داد.

جمعیت جهان:
7,500,000,000 (7.5 میلیارد) نفر

1. جمعیت کشور های صنعتی و بزرگ ترین کشور های صنعتی:
2,000,000,000 (2.0 میلیارد) نفر

2. جمعیت در بازار های رو به رشد:

4.0 (4,000,000,000 میلیارد) نفر

3. جمعیت در کشور های در حال توسعه:

1.5 (1,500,000,000 میلیارد) نفر

گردش مالی بالقوه سالانه جمهوری فدرال آلمان با مبلغ 1.2 میلیارد یورو به همراه 80 میلیون ساکن توسط عوامل زیر به کشور های صنعتی، آستانه ای و در حال توسعه تبدیل می شود.

1. کشور های صنعتی: 1.0

2. کشور های واقع در بازار های رو به رشد: 0.4

3. کشور های در حال توسعه: 0.1

این امر گردش مالی بالقوه سالانه زیر را نتیجه می دهد
(1.2 میلیارد یورو x جمعیت (صنعتی، رو به رشد یا در
حال توسعه) / 80 میلیون ساکن x عامل).

1. کشور های صنعتی: 30.00 میلیارد یورو

2. کشور های واقع در بازار های رو به رشد:
24.00 میلیارد یورو

3. کشور های در حال توسعه: 2.25 میلیارد یورو

مجموع: **56.25** میلیارد یورو

9. نتیجه گیری

این پورتال تطبیق املاک و مستغلات مزیت های قابل توجهی برای مالکان (خریداران احتمالی) و کارگزاران املاک ارائه می دهد.

1. برای مشتریان احتمالی زمان جستجو برای املاک مناسب به طور قابل توجهی کاهش می یابد، چرا که مشتریان احتمالی فقط یک بار پروفایل جستجوی خود را ایجاد می کنند.

2. کارگزاران املاک یک بررسی کلی از تعداد موارد موجود با خواسته های از قبل ایجاد شده (پروفایل جستجو) دریافت می کنند.

3. گروه های علاقه مند املاک مورد نظر یا مناسب (بر اساس پروفایل جستجو) ارائه شده توسط تمامی کارگزاران املاک را دریافت می کنند (پیش انتخاب خودکار).

تلاش کارگزاران املاک برای حفظ پایگاه داده خود جهت جستجوی پروفایل ها کاهش می یابد، چرا که تعداد خیلی زیادی از پروفایل های جستجوی کنونی به طور دائمی در دسترس است.

1. از آنجا که فقط کارگزاران تجاری/املاک به پورتال تطبیق املاک و مستغلات متصل می شوند، خریداران احتمالی با کارگزاران حرفه ای و اغلب با تجربه سر و کار دارند.

2. تعداد بازدید ها و مجموع زمان بازاریابی برای کارگزاران املاک کاهش می یابد. در مقابل، تعداد قرار ملاقات بازدید ها و زمان به نتیجه رسیدن قرارداد خرید یا اجاره کاهش می یابد.

3. در وقت مالکان مواردی که قرار است فروخته و اجاره داده شود نیز صرفه جویی می شود. به علاوه، نرخ خانه های خالی کم تری برای املاک اجاری و پرداخت قیمت خرید زود تری در صورت خرید املاک به دلیل فروش یا رهن سریع تر حاصل می شود که بنابراین دارای مزیت مالی است.

با تحقق یا پیاده سازی ایده تطبیق املاک و مستغلات، می توان در معامله املاک و مستغلات به پیشرفت قابل توجهی دست یافت.

10. ادغام پورتال تطبیق املاک و مستغلات با نرم افزار جدید کارگزاری املاک به همراه ارزش گذاری املاک و مستغلات

به عنوان مرحله آخر، پورتال تطبیق املاک و مستغلات شرح داده شده در اینجا می تواند یا باید بخش واجبی از یک نرم افزار جدید - که عموماً در عمل استفاده می شود - برای کارگزاری املاک و مستغلات باشد. این بدین معنی است که کارگزاران املاک یا می توانند از پورتال تطبیق املاک و مستغلات علاوه بر نرم افزار های کارگزاری املاک مورد استفاده خود بهره گیرند یا از نرم افزار جدید کارگزاری املاک که دارای پورتال تطبیق املاک و مستغلات است استفاده کنند.

توسط ادغام این پورتال مؤثر و خلاقانه تطبیق املاک و مستغلات با نرم افزار کارگزاری املاک مختص خود، یک ویژگی اساسی زمان واقعی برای نرم افزار کارگزاری املاک ایجاد می شود، که برای نفوذ به بازار ضروری است.

از آنجا که ارزش گذاری ملک همیشه بخش ضروری در مدیریت املاک و مستغلات است، باید ابزاری برای ارزش گذاری املاک و مستغلات با نرم افزار کارگزاری املاک ادغام شود. ارزش گذاری املاک توسط برنامه های کامپیوتری مربوطه می تواند از طریق لینک هایی به اطلاعات/پارامتر هایی از املاک وارد/ایجاد شده توسط کارگزاران املاک دست یابد. در صورت نیاز، کارگزار املاک از طریق شفاف سازی بازار منطقه خود می تواند پارامتر هایی که برای منطقه خود موجود نیستند را تکمیل کند.

به علاوه، نرم افزار کارگزاری املاک را باید بتوان با گروه به اصطلاح مجازی املاکی که قرار است کارگزاری شوند ادغام کرد. این را می توان، برای مثال، به روش ساده ای پیاده سازی کرد که در آن یک اپلیکیشن (برنامه) اضافی برای گوشی موبایل و یا تبلت توسعه داده می شود، که پس از ادغام دو طرفه املاک و مستغلات مجازی و یا ادغام با نرم افزار واقعی املاک یکپارچه سازی می شود.

تا حدی که پورتال تطبیق خلاقانه و مؤثر املاک و مستغلات با نرم افزار جدید کارگزاری املاک و ارزش گذاری املاک ادغام می شود، فروش بالقوه دوباره به طور قابل توجهی افزایش می یابد.

_____

Matthias Fiedler

کرشنبرویش، 31.10.2016

Matthias Fiedler

Erika-von-Brockdorff Street 19

41352 کرشنبرویش

آلمان

www.matthiasfiedler.net

www.ingramcontent.com/pod-product-compliance
Lightning Source LLC
Chambersburg PA
CBHW071531210326
41597CB00018B/2958
* 9 7 8 3 9 4 7 1 8 4 5 2 1 *